新三民主義

榮中竹 ——著

藍海文化事業股份有限公司
Blue Ocean Educational Service INC

國家圖書館出版品預行編目（CIP）資料

新三民主義 / 榮中竹著;. -- 初版. -- 高雄市：藍海文化事業股份有限公司, 2025.01
面； 公分
ISBN 978-626-98655-7-4(平裝)
1.CST: 三民主義
005.121　　114000355

新三民主義

作　　者	榮中竹
發 行 人	楊宏文
編　　輯	李麗娟
封 面 設 計	薛東榮

出 版 者	藍海文化事業股份有限公司
	802019高雄市苓雅區五福一路57號2樓之2
	電話：07-2265267
	傳真：07-2233073
	購書專線：07-2265267轉236
	E-mail：order@liwen.com.tw
	LINE ID：@sxs1780d
	線上購書：https://www.chuliu.com.tw/
臺北分公司	100003臺北市中正區重慶南路一段57號10樓之12
	電話：02-29222396
	傳真：02-29220464
法 律 顧 問	林廷隆律師
	電話：02-29658212

刷　　次	初版一刷・2025年1月
定　　價	150元
Ｉ Ｓ Ｂ Ｎ	978-62698655-7-4（平裝）

版權所有，翻印必究
本書如有破損、缺頁或倒裝，請寄回更換

自序

首先,中竹就兩岸為何一定要統一先做一番論述。因兩岸同屬中國人,屬同文同種,兩岸本就同一家,當然同屬一個炎黃子孫,一脈相承的中華民族。歷史告訴我們,這個民族在 孫中山先生及所有的革命烈士的共同努力下,誕生了中華民國;不幸的是這個國家未能在中山先生的有生之年完成統一全國。

後來,雖於民國17年由蔣中正領導的國民革命軍統一中國,然在當時,由於對 中山先生的三民主義思想,未能完全充分瞭解的中國共產黨人和中國國民黨人之間意見的分歧和成見,這在 中山先生的三民主義講稿中,亦曾提及到,導致後來的國共內戰而造成兩岸分治的事實,今天經過長達75年的分治至今,若兩岸能在當年的九二共識的基礎下,共同面對和平統一的問題,誠屬百姓之福。

況且,依照現今中華民國憲法的規定下,兩岸終極就是要和平統一,以達當今中華民族的偉大復興。真的,中國統一已經到了刻不容緩的地步了。看美帝操弄

臺灣以對抗中國大陸，與日本軍國主義的復甦，再再顯示中國應儘速統一的重要性，大家要明瞭，維護世界和平與實現中國王道思想的天下為公的理想，就落在我們這一代呀！中竹生在臺灣，祖籍在大陸，事實也就是土生土長的臺灣人，更是實實在在的中國人。

　　但中竹為何要出版這本著作？簡單講，就是實實在在的臺灣心、中國情，為何呢？因中竹在臺灣生存了60個年頭，深知堅持臺獨、對大陸施行鎖國政策，對臺灣而言，只是一條走不出去的死胡同。所以，我們在臺灣所有的全體國人，應該要有立足臺灣、胸懷大陸，放眼世界的偉大胸襟啊。

中竹 於 20024.9.1 于自宅

目次

第一篇　新民族主義 *1*
　　第一章　民族主義的重要..................3
　　第二章　自由、民主與法治..................7
　　第三章　民族主義在臺灣..................13

第二篇　新民權主義 *19*
　　第一章　國父原本的主張..................21
　　第二章　民權主義在臺灣..................23
　　第三章　復興中華傳統文化..................27

第三篇　新民生主義 *31*
　　第一章　臺灣目前的經濟環境..................33
　　第二章　土地政策..................35
　　第三章　何謂民生主義經濟？..................37

第四篇　兩岸融合發展 *41*
　　第一章　兩岸現實情況..................43

第二章　中國統一首重兩岸融合......................45

第三章　中國文字對兩岸融合的重要...............47

第四章　臺灣年輕人在兩岸融合扮演的角色......49

結語：親中平美才是王道 *51*

第一篇
新民族主義

第一章　民族主義的重要
第二章　自由、民主與法治
第三章　民族主義在臺灣

第一章

民族主義的重要

　　中竹認為,臺灣國高中歷史課綱,務必恢復中華民族一脈相承的正統。為求中國統一,追求兩岸共同的悠久傳統文化歷史,兩岸務必加強繁簡體文字的融合與認識。至於中國以外其他的語言或文字,自然主張個人為求瞭解、學習其他國家文化和知識,鼓勵任何人自己去加強和突破。因為只要達成中國統一的偉大目標之後,中文自然能取代任何其他國家的文字,而通用於世界的標準。

　　再者,中竹認為,臺灣現在的政治、社會問題的一大要害,就是現在普遍的國人都缺乏了對民族主義的瞭解;尤其,臺灣標榜所謂的自由、民主與法治,其真諦都是出自於　國父所創的三民主義呀!所以,個人主張一定要將三民主義再度納入學校的教材裡面,而且最好是　國父講稿原版的三民主義。又有如臺獨政黨取代其

他政黨得權時，不准其他政黨有違背臺獨的思想，就如同三民主義民族主義第三講中所說：好比高麗，也就是韓國，被日本征服了，日本現在就要改變高麗人的思想，所以高麗學校裡的教科書凡是關於民族思想的話，都要刪去。如此，30 年後高麗的兒童便不知道有高麗了，便不知自己是高麗人了。

　　這就好比民進黨達全面執政後，要盡所有可能的完全去中國化，不承認自己就是中國人的翻版一樣，自別於兩岸同屬一個中華民族的同胞，而觀今兩岸實際問題，走向中國統一是勢在必行的趨勢，終結臺獨也是當務之急。

　　所以，本人在此向民進黨及所有主張臺灣獨立的人士呼籲，儘速放棄民進黨的臺獨黨綱，及所謂的臺灣前途決議文，以致民進黨實質上成為一個真正能為臺灣同胞再有正面貢獻的健全政黨，早日與島內各政黨協商、創造一個對中華民國實際上能儘速完成中國統一的偉大目標之條件與作為，繼續為將來中國統一後的民主自由做出最大的貢獻。在此同時，個人對全世界國家都有一個共同的概念，那就是不論是所謂的自由國家或共產國家，都有其各國的光明面與黑暗面，也就是我們所謂的台面上或台面下的人物。

個人認為,就單一國家或民族而言,真正面臨外國勢力的欺侮之下,全國軍民同胞都能萬眾一心,集中禦侮,那爾後國家的成功就不能只論台面上人物的功勞而已。那些在黑暗面的無名英雄也都應該列為台面上表揚,如此才能為一個國家或民族終能戰勝、成功的大無畏精神;就如二戰時期的中國,之所以能全面抗日成功的過程,這樣才能展現一個真正團結的國家和民族的一個真正的高度。

　　所以個人在此主張,爾後不管是所謂台面上或台面下的人物,只要是為國捐軀者,都得被國家褒揚一面旌忠狀,當然,就算沒有為國捐軀,其對國家的功績有過於此,亦當得這面旌忠狀。

第二章

自由、民主與法治

　　記得小時候的作文題目常是：自由、民主與法治；時至今日，中竹不得不再與大家討論這個既老掉牙又時髦的標題：自由、民主與法治。

　　記得歐美有位大哲學家講過：自由呀！自由！多少人假汝之名行獨裁之實。大家要知道，這個題目，是永遠沒有一個標準答案的。尤其是 90 年代以後的青年，對於這個問題，可能會覺得更是莫名其妙。殊不知，這個問題，在所謂的歐美先進國家，是已經過幾世紀的攪動呀！而現今在我們臺灣社會的年輕人，他們會怎麼想呢？相信大多數的年輕人會覺得說，這不是我們從小到大就一直如此，再不陌生的生活環境嗎？其實此言差矣！要知道，在經過臺灣政黨長期惡鬥的環境中，國族認同已造成相對的差距，就我是中國人！我是臺灣人！就已成了大辯論的話題，殊不知，不管你認為你是中國

人，又或是臺灣人，其實大家都屬於同一個宗族，那就是中華民族，這是個不可否認的事實。所以中竹才會在上個章節裡，強調未來的執政黨，一定要恢復中華民族一脈相承的歷史課綱，尤其是　國父講稿原版的三民主義，一定要再納入高中職的教材裡面，如　國父在講稿中就指出，中國人要求的只是個人為求完全的自由，在那個年代，頂多就是擴及到家族的自由，為了家族的自由，沒有不奮不顧身的，那時候的自由，尚未擴及到國族。

直至　國父推翻滿清，建立民國，以至於他老人家仙逝之時，那時的中國，都尚未達國家完全的自由，時至蔣介石完成北伐，中華民國才得以稍喘口氣，建設十年，不料民國二十六年，日本軍閥入侵中國，對中國百姓實施人類空前絕後的大屠殺（當然包含臺灣），所幸中國蒙神明庇佑，加上中國全體同胞禦侮不懈的精神，最終得以戰勝日寇，收復臺灣，我們國家才暫得一時之自由。時至今日，中國尚未完全統一，且還有少數獨害思想份子，更想脫離中國，實現臺灣建國，試問一下我們年輕朋友，我們國家已達完全之自由否？

現在再講到兩岸分治之事實，自民國38年，毛、蔣各據一方造成中國分裂至今，已達75年之久，這是不爭

的事實，但再從國際社會歸納，普遍的世界國家，認同的一個中國是對岸哪！不管你各自的國號是啥，為何中國大陸對外就是堅持一個中國，且獲世界多數國家普遍的認同；臺灣同胞啊！國際社會就如同臺灣社會的延伸，國際社會有可能棄順向逆的嗎？就好比我們個人，有不力爭上游，往好的生活條件方向努力的嗎？

　　再來講到民主，眾所皆知，臺灣實行民主選舉已行之有年，但臺灣社會跟中國大陸，年輕朋友們，你們敢作一比較嗎？依民進黨所講的民主，臺灣應該比大陸富有，臺灣人民應該比大陸人民自由，臺灣人民應該比大陸人民更有尊嚴，甚至更有……，試問一下，在臺灣自認為我們只是臺灣人的鄉親父老們，事實上呢？中竹在此不想多說，我只希望我們臺灣的年輕人，有機會多到對岸看看走走，一切的差別，中竹只能說一切盡在不言中，不要一天到晚就只會待在臺灣這口井往上看，屆時你們會發現，我們小老百姓有多少的幸福葬送在臺灣這群政客手中呀！

　　再講到臺灣這池政治髒水，我實在懶得講了，只是有多位朋友跟我說，　孫中山的三民主義早已在中國大陸實現了！但都遭我回說：大陸民族主義昌盛、民生建設世界首屈一指，但　孫中山先生講的三民主義，開宗

明義即是民族、民權與民生，請問民權呢？我又說，其實三民主義在兩岸都尚未完全實現。中竹認為海峽兩岸都要拋除己見，共同往真正的三民主義前進，只要天時、地利、人和，時間一到，自然能水到渠成，兩岸自能相容，中國才得以完全統一。

現在講到法治，　國父之為何推翻滿清，為求中國完全的自由，平等生存於世界自然不在話下，但其實，國父為追求的就是一個法治國家。　國父深切瞭解，中國帝制最大的弊端，就是人治，因為明君帝王的人治太沒保障了，人治太容易造成專制、獨裁，只為圖他個人的名、慾、利、望，而置百姓的生活苦樂於不顧，因此　國父才特別發明了五權憲法體制，而今天我不講中國大陸，單就生活在我們臺灣社會裡的人群又是怎麼想呢？制度裡擺明了人謀不臧，卻硬要說設計者的錯誤，試問一下你們這群人，法律明明是你們制定的，大家偏不遵守，硬要貪贓枉法，然後再推說立法不對，一修再修，明明西妖都已東漸，還硬要說三權分立制定的好，大家再都歸咎於憲法，再試問你們這群人，臺灣今日的中華民國憲法，被你們在臺灣的這群人修得怎樣了啊？

我榮中竹今天在此奉勸生活在臺灣這塊土地的所有

人,今天大家如果都還要知法弄法,那我也只能講,不用大陸打我們,臺灣四面環海,你們要往哪跳,就往哪跳吧!

第三章

民族主義在臺灣

　　2024年美國總統大選已經底定,但從歷任美國總統看來,就是要秉持世界第一的角色,絕不允許中國篡起,但反觀現實呢?就美國提出的貿易戰、科技戰、經濟戰等等,它們又佔了多少上風呢?舉世皆知,中國軍事早已一枝獨秀,汽車工業又獨步全球,連美歐國家都望塵莫及,太空科技,中國更是後來居上,美國連屁都不敢放一下,大家或許會問中國那來那麼大的底氣呢?請大家要銘記國父　孫中山先生當初為何要推翻帝制,創建民國呢?重點就在於當初的滿清政府腐敗,民不聊生,國父　孫中山先生才會下此宏願,非推翻滿清政府不可,假設國父　孫中山先生在唐朝盛世,你想,他會有如此推翻國家之舉嗎?

　　所以,我們才會有一句諺語,「時勢造英雄」,試問,中國五千年政權,每次朝代更換,不都因為如此

嗎？今天，兩岸分治是事實，姑且不論當初毛、蔣是如何爭鬥，相信史書都記載的很清楚，但大家要記得，

國父先知先覺者曾說過，21 世紀是三民主義的世紀，更是中國人的世紀，但今天 21 世紀都已經快過四分之一了，大家或許會問，為何會如此呢？請不要懷疑，一切只能歸咎於臺灣政府方面的內耗。

臺灣方面一直以繼承中華民國政府自居，自豪自己是自由、民主與法治的國家，但事實上呢？自李登輝政府以來，臺灣政府就一直沉淪在所謂的民主選舉制度當中。現代的國家或人民都還會批判中國大陸體制是一黨專政、獨裁政府，但就人民的幸福指數為依歸做標準呢？相信大陸人民是自豪的，為何呢？因為臺灣人民忘了自己的劣根性，那就是中國人就是好鬥、不團結，雖然很多臺灣百姓不承認自己就是中國人；正所謂血濃於水，不管你如何排擠自己就是中國人，或更相信自己是日本人的後裔，但你就是斷絕不了你自己身上流得就是中國人的血液。

臺灣人民就一直處在這個自我矛盾當中，所以才會拒絕中國統一，如果按照臺灣方面的邏輯，民族越多就越不容易統治，但事實上呢？臺灣不就原住民族和漢民族，和少數的荷蘭裔民族，就足夠讓你們吵得半世紀之

多，如你們所料，中國大陸不早就分崩離析了嗎？或許你們會說，那正是大陸實行一黨專政的結果，那中竹就要再反問一句，就讓臺灣人民實行一黨專政如何？（不管那個政黨）相信你們又吵如雞鳴了。　國父在三民主義講稿就講了很清楚，在那個年代，中國人只有家族主義，還未達國族主義。沒想到，這句話還應驗到一世紀之後的臺灣社會。

　　記得印空老和尚曾講過，習近平主席真是菩薩轉世來的，這句話，中竹在這裡講，真的是真的。大家就你們所知試想，中國大陸今天如果真要打下臺灣，你們認為很難嗎？媒體新聞天天在報導，東協十國或上合會組織，甚或近期的中俄同盟，難道你們還會認為中國大陸怕美國同盟嗎？習近平主席若不是考慮到臺灣 2300 多萬同胞的生命財產安全，你們認為，中國大陸還在等什麼嗎？中竹當然知道，大家怕的就是臺灣會如香港模式，怕兩岸統一之後，大陸會食言而肥，不認帳。但請大家切記，香港是因循臺獨模式想要港獨，試問，換個角度想，如果你們是大陸黨中央，你們會默許嗎？好了，講了那麼多，今天的臺灣就有如　國父當初講的，中國四萬萬人是一盤散沙一樣。而今呢？大陸 14 億同胞是凝聚一心，非得打敗西方列強不可，而反觀我們臺

灣呢？真是丟人現眼，為了自己的官途家產，逼得你是非死即傷，試問你們自己所謂的「臺灣人」，你們死後是有何面目面對自己的祖先啊！

中竹在這裡只能講，只要你臺灣不從中國版圖分裂出去，就要相信習近平主席的話，中國人不打中國人。到底國共內戰，是上世紀歷史的悲劇，今天的中國人，誰都不能重蹈覆轍，今天的世界局勢，各國可都是息息相關，但臺獨份子，更要認識這一點，萬萬不可有倚美謀獨的心態，唯有大家都一心相向，秉除己見，以整個中國為中心，只要中國第一，臺灣自然無比榮光，況且勝利的果實，自然雨露均霑，中華民族將永遠躍居世界第一的角色，中國的王道思想，才得以永傳世界，世界大同的理想才得以真正實現。

各位知道嗎？中國大陸總共有 56 個民族，加上臺灣原住民族，中華民族一共就是 57 個民族。雖說大陸現在是中國共產黨一黨專政，但諸君知道嗎？大陸在地方上是實行所謂的「民主集中制」，雖說大陸中央是一黨獨大，但在地方上，它其實也是由各個地方上的民主制度所產生的，那我再試問諸君，中國大陸的政治體制，到底是民主制還是獨裁制呢？臺灣土地面積才多大，人口不過 2300 多萬，經過幾年的所謂民主選舉制度，試

問，臺灣政治怎麼會有所謂「蔡八年」的民主獨裁呢？簡單言之，不管認何政治體制，都是由人們設計出來的，就好比電腦是由人腦設計出來的一樣，你不能說電腦出問題，就代表人腦有問題吧！

就好比民主制度在美國已實施了兩百多年，而現今世界的亂源，其實就源自於美國，那我們就能號召全世界所謂的民主國家把美國殲滅嗎？答案當然是不可能的；不講其他各國的因素了，大家要知道，為何全世界就只承認一個中國呢？各位要曉得，維護世界和平的國家，就只能指望中國呀！各位要切記，全世界就只有一個中華民族啊！

第二篇
新民權主義

第一章　國父原本的主張
第二章　民權主義在臺灣
第三章　復興中華傳統文化

第一章 國父原本的主張

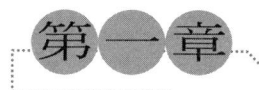

　　個人主張,原本民進黨所推動成案的公投法,並不完善,應予廢除。雖然公投法在世界各國都有該各國的特色,但中竹認為在　國父遺教中所明確的指示,是認為本國人民所需要的四種直接民權,是選舉、罷免、創制、複決四種,所以中竹認為我們不用跟在其他世界各國後面,流行什麼所謂的公投法,應根據本國獨特的民族性,另外制定創制權法和複決權法,以符合本國特有的五權案法。

　　所謂創制權,國父本有論述,中竹加上自己的通義,就是一種沒有法律規定,而人民認為對百姓是一種好的,且可以實施的規定,也就是一種從無到有,由人民自己制定出來的一種法律權;而複決權,即是雖由立法機關制定出的法律,或由中央層級所表決過的法案,但大多數人民認為是不可行的陋法或惡法,透過複決權

法加以廢止或修訂,也就是人民對中央層級機關可以直接監督或規範的另一種法律權。這樣才是真正實現　國父所主張的四種直接民權。

　　中竹以為,目前的憲法應儘量再修回民國 36 年 1 月 1 日公告,12 月 25 日施行,當時憲法的原有精神和制度。就如眾所周知,憲法乃國家根本大法,且當年的憲法就是針對整個中國大陸下去設計的,而當前憲法更是當今統一中國的基石。所以朝野應當凝聚共識,為將來的中國統一做準備,把現行的憲法再修得更貼近,符合未來的目標。

第二章

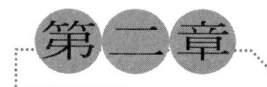

民權主義在臺灣

　　中竹今年已經六十歲了，相信跟中竹年紀相當的臺灣同胞都還記得，當年所謂的黨外人士，一直所要追求的就是民主政治，進一步講，就是要民權的完全伸張，也就是所謂的全民政治。但這個理想，是在何時完成的呢？我跟大家講，這個理想是在故總統　經國先生手上完成的；也就是在民國七十六年七月十五日，由經國先生親自宣佈開放兩岸探親、解除黨禁、報禁時完成的。台灣的媒體、報章、雜誌，從此才如雨後春筍、百花齊放的蓬勃發展起來，不幸的是，經國先生於隔年（民國77年）一月十三日因病去逝，才由李登輝先生接手，台灣的民主政治，才漸趨成熟。

　　但在這之前，臺灣的民權運動卻是經過當年的黨外人士長期的奮鬥，諸如黃信介先生、施明德先生前輩等等，流了多少臺灣同胞的血淚才完成的啊！況且中華民

國憲法更是命運乖舛，前後歷經七次的修憲工程，期間更歷經了第 1 屆臺灣省長選舉，於民國 83 年 12 月 3 日由宋楚瑜先生以 472 萬 6012 票當選，但礙於當時的政治權謀，中華民國憲法更於民國 86 年第四次修憲，確定於民國 87 年 12 月 20 日實施精省（或稱凍省），更於民國 88 年 4 月 14 日廢除「省縣自治法」，於是乎宋省長也成了末代省長。但諸位知道嗎？憲法本文規定，中華民國的地方制度是依據憲法本文的省縣自治通則才制定的省縣自治法呀！

省級虛級化，在我看來，屬階段性任務，現階段性任務既已完成，即當廢止，恢復原本中華民國地方自治法的實質精神，即恢復實體的臺灣省政府。要知道省、縣都是地方自治的基本單位。況且中華民國憲法在經歷七次漫長的修憲之下，今天的中華民國憲法增修條文，開宗明義即說：為因應國家統一前之需要；所增修的憲法條文。所以我們今天講的中國統一，早已經是當初朝野的共識決了，只是所謂的中國，更不就是當初的「九二共識」嗎？再講現實一點，臺灣的民權運動，自始至今，講的從來不就只侷限於選舉與罷免法而已嗎？有哪個政黨，又真正有去討論過創制權與複決權呢？就你中國國民黨，還好意思以 孫中山先生的信徒自居呢！

至於臺灣的民權主義將來又何去何從呢？記得已故的兩岸知名教授——黃光國博士，在他所寫的一本著作，書名叫《一中兩憲——兩岸和平的起點》。一書中即提到，將來兩岸間要不要在「中華人民共和國憲法」和「中華民國憲法」之上，再制一部「中國憲法」，必須看未來情勢的發展而定。此言剛好與中竹一向的主張，兩岸必須好好的思考，如何回歸當初的中華民國憲法之真精神，再共同制定一部確實可行、統一中國的新憲法之言論，不謀而合。

　　所以，中竹曾講過，真正的三民主義，其實在兩岸都還未完全實現。中國大陸的民族主義，相信大家都已見識過，而當今的世界，確實也都在追求國計民生；因而中國大陸可以講，礙於國際現實，　孫中山先生的民族、民權與民生的次第可以適時的調整為民族、民生和民權；其實，中國大陸果真有如此的想法，也不為過。當今的世界，舉凡種種，都是以民生掛帥，如果百姓的生計都無法維持了，那更遑論民權呢？況且，各位讀者知道嗎？雖然毛、蔣分治是事實，但為何中國大陸的經濟會如此進步呢？

　　各位要知道，雖然中國大陸一直堅持共產黨領導，但是他們並不否認孫中山，他們的建設一開始，其實就

是照著 孫中山先生所著的「建國方略」與「建國大綱」下去執行的，反觀我們臺灣呢？民族主義搞得國族分裂，民權主義呢？為了各個政黨的權利鬥爭，中華民國憲法更被修得體無完膚的四不像了；臺灣的民權主義呢？只剩下選舉權與罷免權永遠在那邊的糾葛不清，民權的議題變成黨爭的利器，百姓的權利變成一直跟著政黨偶像走；而臺灣的年輕人，在經過長達三十年的教改，連問他們 孫中山是誰，他們都回你說「某宰羊」，更遑論說什麼民族、民權與民生了！所以要講到今天臺灣的民權主義，中竹認為，就非得從「復興中華傳統文化」下去著手不可了。

第三章
復興中華傳統文化

　　國父說過，大凡人類生活，最初是需要階段，再來要求舒適，最終以致繁華。在 21 世紀的今天，人類生活大都已是繁華，更幾近於奢華。科技文明，更是由地球達到太空，更勝於整個太陽系。大家也都知道，人類的慾望是永無止盡，為了滿足人類的欲望，人類已經是無所不用其極的濫用科技，甚至破壞了地球的大自然生態也在所不惜。

　　但是在追求這所有的物慾同時，卻都把人類的根基——倫理道德——都拋諸於腦後，這才是人類浩劫的最大悲哀呀！譬如臺灣，衍生而出的問題如：同性婚姻合法化、少子化問題、高齡社會問題、犯罪率飆升、物種滅絕以至於戰爭。人類的生存已經由達爾文的物競天擇轉化到了自相殘殺的地步，就為了人與人或國與國之間的高類拔萃，這真的是臺灣百姓或人類之福嗎？全人

類再不有所節制,難道還要任其自由發展嗎?舉凡所有宗教都是提倡世界和平,但是,在這人類道德心敗壞到只剩爾虞我詐的階段,人類還能期待哪位救世主的到來,解救這生靈塗炭的人心嗎?尤其在臺灣,中竹看來是沒有了,唯有實行中國儒家思想的中庸之道,再也沒有任何方法了。

而在中竹看來,中華傳統文化早已融入在中竹的生活之中,無論是生活、語言、宗教、風俗習慣或文字等,或平常的食、衣、住、行、育、樂,中竹活了 60 個年頭,無不浸潤在中華傳統文化之中,從小到大無不受中華傳統文化的薰陶。所以,近乎中竹年代的臺灣人,其實大家思想都雷同。可是,在經過三十年教改的臺灣年輕人呢?就講我們首重的孝道,事實情況是怎樣的呢?新聞媒體每天在報導,無論是所謂的「球棒隊」,或橫行臺灣社會的詐騙集團,又或各種毒品案件等等,不都是三十歲上下的年輕人所主導的嗎?難道這些年輕人的父母,真希望他們如此嗎?更不要講到中國儒家的傳統思想仁、義、禮、智、信等等了;歸咎於責任,主要就在於這些主導教育工作的決策者了。

當然,我們臺灣社會的這些比較年長者,更不能置身事外,正所謂身教重於言教,我們這些年長者更要為

這些年輕人豎立起正確的榜樣，不要每天只汲汲於名利物慾當中。要復興中華傳統文化，中竹看來其實真正是全民運動，要教育我們的下一代，確立他們正確的人生觀，我們這些年長者，更需要改變我們自己錯誤的觀念和作為，也要適時的追求新知的，不要老是人云亦云，總是被人牽著鼻子走，自己一定要有自己正確的主見，不要受任何因素（尤其是政治因素）影響，而讓自己的權利睡著了。如此，臺灣的民權才能更上一層樓，整個社會或國家才更有能力與中國大陸競爭嘛！

第三篇
新民生主義

第一章　臺灣目前的經濟環境
第二章　土地政策
第三章　何謂民生主義經濟？

第一章
臺灣目前的經濟環境

　　臺灣除了維持現有的經濟基礎外，更要積極推動加強兩岸經貿往來，發展高科技產業，改善目前島內的投資環境，譬如恢復核能供電，重啟核四，而所謂的核廢料，本人相信絕對有辦法處理，譬如改善兩岸關係。配合現有的綠能產業，把空汙降到最低，讓島內和來臺投資的所有企業，都能有足夠的能源，不虞匱乏，再創造臺灣的第二次經濟奇蹟。

　　但是大家也都知道，政治與經濟是密不可分的關係，臺灣經濟要走出世界，首先就是要能打開中國大陸的門戶，因為中國大陸事實上就是現在全世界第二大經濟體；臺灣一昧的反對中國大陸，發展所謂的南向政策，事實證明，對臺灣的助益，還是遠不如臺灣對中國大陸的出口。第一就是不能再對中國大陸採取鎖國政策，在政治上更不能因為意識形態的作梗，而犧牲了臺

灣人民追求溫飽富足的權利,不能再捨近求遠,一昧的親美抗中;尤其兩岸的同胞,在民族血緣的命脈中,本就同屬一個中華民族,這是個不能抹滅的事實。

所以爾後,單就謀臺灣人民的富足安康,一定要改變現狀,適度的改善兩岸關係,讓臺灣所有的農、漁、工、商、觀光等各種產業,都能順利的與中國大陸正常往來,進而與全世界的經貿接軌,如此才能讓臺灣的百姓真正的實際得到富足安康。

另外,例如積極鼓勵大陸廠商來台投資,以提高臺灣人口的就業率,把多餘的人力部分轉變為有專業的長照人力,但是必須讓這些專業的人力獲得適度相對的報酬,這樣才能招聘到素質更高的專業人員,諸如此類,相信能創造出更多的就業機會。

況且,中竹在此要提醒諸君,到目前為止,幾十年來臺灣所實施的都還是跟著歐美世界所實行的資本主義社會。各位要知道,等到中國統一之後,中國還是得回歸到三民主義,實行　國父所謂的民生主義經濟。

第二章

土地政策

　　國父在民生主義中有提到,明定國家的土地政策有四:1.自定地價。2.照價徵稅。3.照價收買。4.漲價歸公。這其中的內容,各位如果想瞭解就自己去找　國父三民主義講稿的原版。

　　這裡中竹要補充的就是:1.自定地價,由於時空環境的轉變;　國父在講稿中就有提到,這個政策在當時可行,因那個時候大概屬於均貧,時至今日,確定要有所調整。

　　中竹認為,當初的自定地價,現今應由政府再重新評估,以現今的公告現值為準;而後三項政策,就非得照國父的辦法為依歸不可了,否則要如何改善當今的房價問題,尤其是4.漲價歸公,不然又要如何去達到均富,以致世界大同?而在今天的臺灣,實際上有無依照　國父遺教三民主義去做,諸君可以自己去查證。個人主

張,今天臺灣的年輕人為何買不起房?最大的差異,就是今天臺灣的土地政策沒有照　國父所訂的民生主義辦法去實行,只是一昧地跟著歐美資本主義國家走。

　　中竹以為,要年輕人買得起房,不要再做無殼蝸牛,最大的差異就是爾後的執政黨,必要回歸　國父明定民生主義的土地政策,這其中的技術問題,就必須朝野共同去研究改善,如何改變現今的土地政策和各項稅制,來改善當今的房價問題。絕不能再盲目的跟著資本主義走,這其中牽涉的所有問題,還盼如何與所有的專家學者共同去研究解決了。不管是商業區、工業區、住宅區甚或可能的風化區,相信都只是技術層面或修法的問題吧!

第三章 何謂民生主義經濟？

　　現在講到民生主義經濟，首先，中竹就對　國父所解釋何謂民生的定義先論述。所謂民生，就是人民的生活、社會的生存、國民的生計、群眾的生命是也。　國父在民生主義中一直在強調，所謂民生主義就是社會主義，又名共產主義，即是大同主義。由這段話來講，民生主義的理想就是要實現禮記禮運大同篇的大同世界。所以，真正的民生主義經濟，就是以真正實現大同社會的理想為目標。　國父在講稿中一再強調，民生主義就是共產主義，兩個就好像兄弟一樣。而　國父為何要講民生主義？重點就在於說民生主義比較能正本清源。

　　因為依　國父所述，人類求生存才是社會進化的動力，社會進化才是歷史的重心，歸結到歷史的重心就是民生，不是馬克思主義所講的物質。再來講到民生主義，就是共產主義，才能實現世界大同，差別就在於方

法。所以 國父當年在講,民生主義就是共產主義,就有講到,這個共產是共將來,而不是共現在;當年的國民黨人,實在是不明瞭什麼是民生主義,就好像當年的共產黨人也不明瞭什麼是共產主義一樣,所以才會導致當年的國共內戰。

現在講到方法, 國父當年在講稿就明定,國民黨的辦法就是平均地權和節制資本,而節制資本,就如 國父所說,光是節制私人資本還不夠,還要發達國家資本。這些辦法如 國父所講,都在《建國方略》一書均有論述。今天我們講民生主義經濟,要講的就是這個方法,如何想出一個辦法,再把它化為一個實際的制度。就 國父所述,民生主義與資本主義最大的差別就在於,資本主義是以賺錢為目的,而民生主義是以養民為目的。

我們的政策就是要把人民的食、衣、住、行、育、樂的需求供給到不虞匱乏,以至世界大同。而這辦法,中竹認為我們應當群策群力,共同研究商討如何設計出一套可行可久的解決之道。在此,中竹還要補充一點,就是真正的大同世界,必定是個均富的社會。貧富差距應該不能超過十倍的百分比,這應該是以薪資結構為基本,中竹認為這樣才能落實民有、民治、民享的真精

神。當然,這其中的細節還得靠社會各界的財經專家學者共同研究探討一個可行可久的辦法不可。

而中竹認為,以薪資結構來講,軍、公、教、企比較雷同一般,而務農、漁的領薪階層,絕對要搭配社會福利政策併入計算,在以上各類別之外的特別貧困、孤疾者,全部由國家列冊設福利或收容機構統一照顧。而軍、公、教人員,若與本科的專業技能無關者,不得兼職,且其總收入,亦不得超過這10倍的百分比,但特殊職業者,不在此限(譬如:領港員)。而且未來統一後的新中國,在一國兩制實施方案中,政治體制就是自由、民主與法治,經濟體制就是平等、均富與共產。

這個共產制度,就是以 國父所說的節制私人資本和發達國家資本為最高指導原則,而這個標準,中竹認為就是如何在節制私人資本和發達國家資本中取得最好的平衡,這應該就是所謂民生主義經濟最好的詮釋吧!譬如說國營與民營事業的互相競合,如何在進出口貿易中獲取最大的貿易順差;又如強制收納所有的無業遊民及社會上所謂的頑劣分子,由國家統一管理訓練,再派遣至各自適合的國營事業機構中服務,使所有人都能成為國家中各階層的有用分子等,又或如強徵富人稅、企業稅等等。

所以，今天要談統一，中竹主張，就是要在不影響兩岸所有中國人的生活習慣之外，還能圖兩岸同胞未來能共同感受相對的生活幸福指數為依歸不可了。

第四篇
兩岸融合發展

第一章　兩岸現實情況
第二章　中國統一首重兩岸融合
第三章　中國文字對兩岸融合的重要
第四章　臺灣年輕人在兩岸融合扮演的角色

第一章 兩岸現實情況

　　今天，我們要講統一，首先就是要想辦法讓兩岸如何能互相融合、互相體諒與互相包容。兩岸分治已 75 年，這期間，無論是兩岸的軍事、政治、經濟、社會與文化，著實都各自產生了非常大的變化；政治上已由三不改為三通，經濟上也各自得到互補，社會與文化也因通婚與宗教活動關係而日益頻繁，關係更加緊密到密不可分；唯有在軍事上，由於各自政體與國際現實因素，不得不還壁壘分明，這就是兩岸還得加緊腳步，互相卻疑的最大障礙。

　　不可否認，自習總書記上臺以來，不時對臺灣同胞釋出善意，而兩岸也在馬前總統當政期間，確實大幅的改善了兩岸關係。美中不足的，就是在蔡英文總統上任之後，兩岸關係就又馬上降到冰點，出現了前所未有的緊張狀態；當然，習總書記並不氣餒，繼之而起的提出

一國兩制方案,指引出兩岸統一的最佳方針。但由於兩岸礙於政治體制與經濟實體不同的差異,時至今日、賴清德總統就任後,還未能有一較契合的共識,所以,才更顯出兩岸融合的重要。

第二章

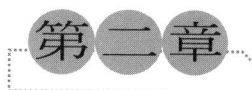

中國統一首重兩岸融合

　　為求中國統一,追求兩岸共同的悠久文化歷史與人民生活交流,務必加強繁簡體文字的融合與認識。因兩岸人民的教育背景各不相同,不講語言,單就相互溝通的文字,就有繁、簡體文字的差異,各自理解的程度又不一樣,所以,中竹認為,今天要講兩岸融合首重文字,不管大陸或臺灣方面,都要加強繁簡體文字的認識。

　　我們可以說,經常往來兩岸的經貿關係或其他因素的人們,大都能認識繁簡體文字,但對於其他較少接觸兩岸關係或教育文化不普及的同胞,文字上的溝通,自然就形成了一股障礙,這應該也就是兩岸融合的一大隱憂。記得在習主席提出一國兩制方案後不久,即於 2018 年 2 月 28 日宣佈 31 項惠臺措施,內容涵蓋金融、就業、教育、醫療、影視等多重領域,並於 2019 年再度

推出「關於進一步促進兩岸經濟文化交流合作」的 26 條措施，進一步幫助臺資企業加快科技創新、降低綜合成本、搶抓發展機遇、實現更好發展，並繼續為臺灣同胞在學習、工作、生活等方面打造更好環境，提供更優條件，促進融合發展、保護合法權益，這些都在在顯示出大陸當局急欲促成兩岸融合的腳步。

習總書記更在 2021 年 3 月要求福建要突出「以通促融」、「以惠促融」、「以情促融」，勇於探索海峽兩岸融合發展新路，在探索海峽兩岸融合發展新路上邁出更大步伐。而如何加強兩岸融合，在大陸當局一連串的優惠措施下，而臺灣當局一直在意識型態的阻撓當中，兩岸在生活習慣、語言、宗教等各方面都雷同的情況之下，唯有先加強文字上的融合，讓兩岸同胞在各地的文化和思想上的差異，能更趨於一致，更能求同存異，化解因時代環境所造成的種種隔閡和誤解，如此才能加速促進兩岸融合、血濃於水的實質意義，對中國的統一大業才有絕對的正面意義與幫助。

第三章 中國文字對兩岸融合的重要

　　在臺灣,由於民進黨的愚民政策,早就培養了他們的固定班底,不管你大陸如何的釋出善意,他們就是相信綠色執政,品質保証,而當中,自然缺席不了日裔血統的後代。事實證明,在臺灣的開放社會,不管你藍綠政權如何操弄,就是無法達成藍綠政權的大和解,要講統一,那是更加的難上加難。所以,在大陸強壓的統一之際,唯有加強文字的普遍認知,讓中華文化能更加灌注於臺灣島內的各階層,如此才能真正的促進兩岸融合;再配合大陸對臺的各種優惠措施與溫情攻勢,相信,如此對兩岸統一,才絕對有事半功倍之效。

　　現在,我們一般的網絡和各種影音媒體,絕大部分都有語言和文字的搭配。所以,在看久、聽久的相互協調之下,對於不懂得繁、簡體文字的,實在也不多了。但這只是對於我們一般圖文並茂看得懂、聽得懂的人而

言，相對於其他諸如瘖啞人士來講，可能就不是那麼容易了。又或者在學術上的研究或教學的實用上等等，對於繁、簡體文字的認識，那就更顯得極其重要而益愈窘迫了。且在回到復興中華文化這個議題上，不要說文字的統一，在兩岸文化的差異上，文字的敘述尤其重要。

所以說，今天要講加強促進兩岸融合，能不從兩岸文字上的差異著手嗎？因而中竹認為，兩岸當局都應儘速加強繁、簡體文字的學習教育，讓繁、簡體文字能更普遍流通在兩岸的社會、生活、教育等各個層面，如此才能更加積極促成兩岸真正的融合，對於習主席所提出要以通促融、以惠促融、以情促融的政策，才能更顯得相得益彰。

第四章
臺灣年輕人在兩岸融合扮演的角色

再來就要講到臺灣已實施三十年的教改了。大家都知道，臺灣當局在全面實施去中國化的教改政策之下，幾乎三十歲上下大部份的年輕人，對中國的歷史或面貌已全然陌生，尤其在臺灣長期藍綠惡鬥的政治環境下，相信大陸當局也很瞭解，就算在前總統蔡英文執政八年的成績極其不堪的情況下，依然有四成多的支持度，特別是在年輕人這塊區域卻也佔大多數，這塊區域的年輕人，對國家的認同感只限於極狹隘的地域觀念。不要說中國統一的詞彙，就說兩岸統一，對他們而言，可能就是一片黯然，前途渺茫的感覺了。

沒錯，中國統一是兩岸當前最神聖的任務，且非常有時間的急迫性，但對於臺灣現在年輕人的想法，幾乎是全然無法接受的；這也無法全怪罪這些年輕人，因為從他們出生到現在，所受的教育，就是全盤的去中化，

再加上諂美媚日的社會風氣使然,完全不知何謂民族的自尊心。中竹認為,這就是中國要和平統一,兩岸要融合發展最需突破的藩籬。當然,要根治這種思想的不二法門,就是重新再教育,但又談何容易,況且再加上美國現今一昧的抗中情形下,要用教育來改變這些年輕人的想法,無外是緣木求魚。

　　當務之急,當是如何改變這些年輕人的觀念,讓他們對統一後的新中國有最新的認知。雖說這些年輕人是臺灣藍綠惡鬥下的產物,當由臺灣當政的藍綠雙方共同去消弭彼此間長期的分歧與仇恨,但在我們大陸這方,也當再加強宣傳祖國對這些年輕人的關懷和諒解,想方設法讓這些年輕人減少對中國的排斥感;透過在臺灣民間的社團組織和政黨的活動發展,讓這些年輕人更能儘快的融入中國社會,更能感受到祖國對他們的愛。如此,相信對促進兩岸融合發展會有更實質上的助益吧!

結語：親中平美才是王道

　　中國歷史源遠流長，五千年的悠久文化傳統，幾乎就代表了整個東方文化，而中國每個朝代都有其歷史興衰，其中最主要的莫過於　孫中山先生推翻帝制的革命運動。中國之所以能在現今動盪不安的世界強權中，能獨樹一格、出類拔萃，不能不歸功於　孫中山時代的革命先驅啊！

　　世界各國在經過一段時期的治理，歷經各自政權的演變，最受世人所矚目的，不外就是中國大陸的崛起。中國大陸在當今世界之強大，不論在經濟、科技、軍事乃至太空等各方面，中竹在此就不再贅述。反觀以自由民主為傲的臺灣方面，在自李賊登輝精心巧妙的安排下、實施所謂西方式的選舉制度至今，結果如何呢？各政黨為爭取執政權，無不使出渾身解數，操弄各種選舉手段，政黨中的派系，為了自身的種種利益、更是無所

不用其極的將對手抹黑,甚或中傷、造謠,更甚而操弄亡國感,以所謂的抗中保臺或親美反共的種種意識形態,以抹滅臺灣與大陸的臍帶關係,阻撓國家的統一,試問,臺灣在如此惡劣循環的政治環境中,真是臺灣百姓之福嗎?

再問,世界中有那個國家,甘願自刨其根,而一昧的想當外國人,能使這個國家富強的嗎?美國是舉世聞名的假仁假義,不論是近年的俄烏戰爭,南太平洋島國,甚或中南美洲國家,其幕後的最大投機者,不就是美國嗎?連美國防部長都說:美國已做好一切準備,以維護美國利益。從伊拉克戰爭、阿富汗以至俄烏戰爭等,那一場戰火,不是因美國利益點燃的?臺灣人民啊!你們還看不清楚嗎?中國大陸視臺灣同胞如己出,而你們竟要把祖宗牌位給燒了,硬要跪拜安倍晉三銅像,視白皮膚藍眼睛者為親爹,不管是所謂的臺灣人或外省人,你們晚上睡覺都不怕做惡夢,對得起你們家堂上的列祖列宗嗎?

在此,中竹要敬告臺灣所有政黨的當權者,依你們的聰明才智,只要放棄對中國大陸的主觀意識形態,對中美關係的態度改為親中平美,如此,相信對臺灣才能獲得最實質的最大利益。